Créez Votre Propre IA : Guide Pratique pour Installer et Utiliser des Modèles d'IA Locaux avec LM Studio et DeepSeek

Exploitez la puissance de l'IA sans connexion internet : Installation, Personnalisation et Optimisation des Modèles IA en Local

Table des Matières

- Qu'est-ce que DeepSeek et comment ça fonctionne ?
- Choisir le bon modèle : IA conversationnelle, assistant de codage, etc.
- Téléchargement et installation des modèles DeepSeek

4. Utilisation Efficace des Modèles IA Locaux

- Commandes de base et interaction avec l'IA
- Faire fonctionner l'IA sans connexion internet
- Optimiser les réponses et la rapidité d'exécution

5. Personnaliser et Entraîner l'IA avec Vos Données

- Pourquoi utiliser ses propres données ?
- Préparer et formater ses fichiers pour l'IA
- Premiers pas avec l'apprentissage local

6. Optimisation et Résolution des Problèmes

- Ajuster les paramètres pour améliorer la précision
- Utiliser des outils externes pour booster les performances

- Solutions aux problèmes courants (réponses lentes, forte utilisation CPU, etc.)

7. Applications Pratiques de l'IA Locale

- Créer un assistant personnel intelligent
- Utiliser l'IA pour générer du contenu et automatiser des tâches
- Améliorer sa productivité avec une IA locale

8. L'Avenir de l'IA Locale et Prochaines Étapes

- Les tendances de l'IA décentralisée
- Comment rester à jour avec les dernières avancées IA
- Ressources pour approfondir ses connaissances

CONCLUSION

Créez Votre Propre IA : Guide Pratique pour Installer et Utiliser des Modèles d'IA Locaux avec LM Studio et DeepSeek

Exploitez la puissance de l'IA sans connexion internet : Installation, Personnalisation et Optimisation des Modèles IA en Local

CHAPTER 1 : Introduction à l'IA Locale

L'intelligence artificielle (IA) a révolutionné de nombreux secteurs, mais son utilisation repose souvent sur des services cloud coûteux et dépendants d'une connexion internet. Grâce aux solutions comme **LM Studio** et **DeepSeek**, il est désormais possible d'exécuter des modèles IA en local, garantissant **confidentialité, performances accrues et réduction des coûts**.

Pourquoi exécuter une IA en local ?

L'IA locale offre plusieurs avantages clés, notamment en termes de **sécurité des données, rapidité d'exécution et autonomie**.

✅ **Confidentialité et sécurité des données** :

- Contrairement aux IA cloud (ChatGPT, Gemini, Claude), **aucune donnée personnelle n'est envoyée vers un serveur externe**.
- Protection optimale des **données sensibles et professionnelles**.

✅ **Performances et rapidité d'exécution** :

- Exécuter un modèle IA en local réduit la **latence** et améliore la **réactivité** des requêtes.
- Utilisation optimisée du **GPU et CPU** pour une exécution fluide.

✅ **Réduction des coûts** :

- Pas besoin de souscrire à un abonnement API payant (OpenAI, Anthropic, Google Bard).
- Une fois installé, **aucun coût récurrent** pour exécuter l'IA en local.

💡 **Idéal pour :**

- Développeurs et chercheurs souhaitant **tester et entraîner des modèles personnalisés**.

- Entreprises soucieuses de **préserver la confidentialité de leurs données**.
- Créateurs de contenu et professionnels ayant besoin d'une IA **disponible 24/7, sans restriction**.

Avantages et limites de l'IA sans internet

✅ Avantages de l'IA hors ligne

◆ **Autonomie complète** : Fonctionne sans connexion internet, parfait pour les environnements déconnectés.

◆ **Personnalisation avancée** : Possibilité d'**ajuster et entraîner** des modèles sur des bases de données spécifiques.

◆ **Sécurité maximale** : Aucun risque de fuite de données via des serveurs distants.

✖ Limites de l'IA locale

⚠️ **Puissance matérielle requise** : Certains modèles nécessitent une **carte graphique performante (GPU Nvidia, AMD)** ou un processeur avancé.

⚠️ **Stockage et mémoire** : Les modèles IA peuvent être volumineux (plusieurs Go), nécessitant un **espace disque suffisant**.

⚠️ **Complexité d'installation** : Même si des

outils comme **LM Studio** simplifient le processus, une configuration initiale est nécessaire.

Présentation de LM Studio et DeepSeek

LM Studio : Exécuter des modèles IA localement avec une interface intuitive

LM Studio est une plateforme permettant d'installer et d'exécuter facilement des **modèles de langage IA open-source** sans connexion internet. Il est compatible avec des architectures avancées comme **LLaMA, Mistral, DeepSeek et Falcon**.

◆ **Fonctionnalités clés de LM Studio :**

- Interface **ergonomique et facile à utiliser**.
- **Téléchargement et installation simplifiés** des modèles IA.
- Compatibilité avec **Windows, macOS et Linux**.
- **Optimisation GPU** pour accélérer le traitement des requêtes.

💡 *Pourquoi utiliser LM Studio ?*

- **Aucune dépendance aux serveurs cloud** → Contrôle total sur l'IA.

- **Compatible avec plusieurs modèles IA** → Choisissez le modèle le plus adapté à vos besoins.
- **Open-source et en constante évolution** → Soutenu par une large communauté.

DeepSeek : Un modèle IA performant pour le NLP et la génération de texte

DeepSeek est un modèle **GPT-like open-source** conçu pour fonctionner en local, avec des performances comparables aux IA cloud.

◆ **Atouts de DeepSeek :**

- **Idéal pour le traitement du langage naturel (NLP)** : Chatbots, résumés automatiques, génération de texte.
- **Facilement intégrable avec LM Studio** pour un usage hors ligne.
- **Optimisé pour les processeurs modernes** et l'accélération matérielle.
- **Personnalisation possible** : entraînez votre propre version pour des tâches spécifiques.

💡 *Pourquoi choisir DeepSeek ?*

- **Alternative performante à ChatGPT, Bard ou Claude**, sans connexion internet.
- **Flexibilité et personnalisation** pour des besoins spécifiques.

- **Sécurité totale** : aucun risque de fuite des données sensibles.

Conclusion : L'IA locale, une révolution pour les utilisateurs exigeants

Grâce à **LM Studio et DeepSeek,** il est possible de bénéficier des **avantages de l'intelligence artificielle tout en conservant un contrôle total sur ses données**. Que ce soit pour la **création de contenu, le développement, la recherche ou l'automatisation**, une IA locale offre **confidentialité, rapidité et indépendance.** 🚀

CHAPTER 2 : Installation de LM Studio et Configuration Initiale

L'installation de **LM Studio** est une étape essentielle pour exécuter un modèle d'IA en local. Cette section vous guidera à travers le **choix du matériel**, l'**installation du logiciel** et la **configuration pour des performances optimales**.

📌 Matériel recommandé (PC, Mac, Linux)

LM Studio est conçu pour fonctionner sur plusieurs plateformes, mais les performances peuvent varier en fonction du **processeur (CPU), de la carte graphique (GPU) et de la mémoire vive (RAM)**.

✅ Configuration minimale requise :

🖥 **Processeur (CPU)** : Intel Core i5 / AMD Ryzen 5 ou équivalent
▢ **Mémoire RAM** : 8 Go minimum (16 Go recommandé)
🖴 **Stockage** : 10 Go d'espace libre pour l'installation et le stockage des modèles IA
🎮 **Carte graphique (GPU) (optionnelle mais recommandée)** : Nvidia GTX 1650 ou AMD Radeon RX 580

🚀 Configuration recommandée pour des performances optimales :

💻 **Processeur** : Intel Core i7 / AMD Ryzen 7 ou supérieur

▢ **Mémoire RAM** : 32 Go pour une exécution fluide des modèles avancés

🖴 **Stockage SSD NVMe** : 50 Go d'espace libre (les modèles IA peuvent être volumineux)

🎮 **Carte graphique (GPU recommandé pour accélération IA)** : Nvidia RTX 3060 ou supérieur (support CUDA)

💡 **Remarque :**

- **Windows, macOS et Linux** sont pris en charge, mais certaines fonctionnalités peuvent être optimisées différemment selon l'OS.
- **Les Mac équipés de puces Apple Silicon (M1/M2/M3)** bénéficient d'une accélération native grâce à **Metal**.

▢ **Installation de LM Studio sur Windows, macOS et Linux**

Installation sur Windows

1☐ **Télécharger LM Studio** depuis le site officiel : lmstudio.ai

2☐ Exécuter le fichier .exe et suivre l'assistant d'installation.

3☐ Accepter les permissions requises et finaliser l'installation.

4 Lancer LM Studio et vérifier son bon fonctionnement.

◆ **Dépendances requises** :

- Microsoft Visual C++ Redistributable (installé automatiquement si nécessaire)
- Pilotes GPU à jour pour bénéficier de l'accélération matérielle

---

Installation sur macOS

Télécharger le fichier .dmg depuis lmstudio.ai. Glisser-déposer LM Studio dans le dossier **Applications**.

Ouvrir LM Studio (si un message d'alerte apparaît, aller dans **Préférences Système** > **Sécurité et Confidentialité** > **Ouvrir quand même**).

◆ **Optimisation Mac (Apple Silicon M1/M2/M3)** :

- Vérifier que **Rosetta 2** est installé pour exécuter certains modèles basés sur des architectures x86.
- L'accélération **Metal** permet d'améliorer la vitesse d'exécution sur Mac.

Installation sur Linux (Ubuntu/Debian)

Ouvrir un terminal et exécuter la commande suivante pour télécharger LM Studio :

```bash
wget https://lmstudio.ai/latest-linux.deb
```

Installer le package avec :

```bash
sudo dpkg -i latest-linux.deb
```

Vérifier que l'installation est complète en lançant :

```bash
lmstudio
```

◆ Dépendances requises sur Linux :

- OpenCL et Vulkan pour l'accélération GPU
- Pilotes Nvidia (si une carte graphique est utilisée)

- libgl1-mesa-glx et libglib2.0-dev pour la compatibilité graphique

---

⚡ Configuration pour des performances optimales

⬜ Optimisation de l'utilisation du CPU et GPU

- **Activer l'accélération GPU (CUDA pour Nvidia, Metal pour Mac, ROCm pour AMD)**.
- Vérifier que LM Studio détecte bien votre carte graphique dans les **Paramètres**.
- Sur Mac, utiliser l'option "**Apple Metal Acceleration**" dans LM Studio.

💾 Gestion du stockage et des modèles IA

- **Télécharger uniquement les modèles nécessaires** pour éviter d'encombrer l'espace disque.
- Utiliser un **SSD NVMe** pour des temps de chargement réduits.
- Configurer un **chemin de stockage externe** si l'espace disque principal est limité.

⬜ Ajustement des paramètres de mémoire

- Augmenter la **mémoire allouée** en fonction de votre RAM disponible.
- Sur Windows, augmenter la mémoire virtuelle (Pagefile) si nécessaire.
- Sur Linux, créer un fichier **swap** si la RAM est insuffisante :

```bash
sudo fallocate -l 8G /swapfile
sudo chmod 600 /swapfile
sudo mkswap /swapfile
sudo swapon /swapfile
```

🚀 Sélection du bon modèle IA

LM Studio permet d'exécuter plusieurs modèles IA, mais certains sont plus adaptés selon la puissance de votre matériel :

Modèle IA	Taille	Niveau de performance requis
Mistral 7B	4 Go	Bas (Convient aux PC standards)
LLaMA 2 13B	8 Go	Moyen (GPU recommandé)
DeepSeek 67B	40+ Go	Très élevé (Nécessite un GPU haut de gamme)

💡 *Conseil :* Si votre PC dispose de **moins de 16 Go de RAM**, privilégiez **Mistral 7B** ou **LLaMA 2 7B** pour une exécution fluide.

🎯 **Conclusion : Une IA performante en local avec LM Studio**

L'installation et la configuration de **LM Studio** sont essentielles pour tirer parti d'une **IA locale rapide et efficace**. En **optimisant votre matériel et en sélectionnant les bons modèles**, vous pourrez exploiter toute la puissance de **DeepSeek, Mistral et d'autres modèles IA open-source**, sans dépendre d'une connexion internet. 🚀

CHAPITRE 3. Télécharger et Exécuter DeepSeek en Local

DeepSeek est un modèle d'intelligence artificielle open-source conçu pour fonctionner localement, offrant des performances avancées pour la génération de texte, la programmation et d'autres applications d'IA. Cette section vous guide dans le choix du modèle, son installation et son exécution en local avec **LM Studio**.

☐ Qu'est-ce que DeepSeek et comment ça fonctionne ?

DeepSeek est une **famille de modèles IA basés sur l'architecture Transformer**, optimisée pour fonctionner efficacement en local. Il est disponible en plusieurs variantes adaptées à des usages spécifiques, tels que le **traitement du langage naturel (NLP), l'assistance à la programmation et l'analyse de données**.

◆ Pourquoi utiliser DeepSeek en local ?

✓ **Confidentialité** : Vos données ne sont pas envoyées vers un serveur distant.
✓ **Performance** : Réponses instantanées sans latence liée à l'internet.
✓ **Autonomie** : Fonctionne hors ligne, sans

abonnement   payant.

✅ **Personnalisation** : Possibilité d'adapter le modèle à des besoins spécifiques.

◆ **Fonctionnement de DeepSeek avec LM Studio**

DeepSeek fonctionne en local grâce à **LM Studio**, qui gère son installation et son exécution en exploitant les capacités matérielles de votre ordinateur (**CPU et GPU**). Une fois téléchargé, le modèle est chargé en mémoire et peut être utilisé immédiatement.

✦ **Choisir le bon modèle DeepSeek en fonction de votre usage**

DeepSeek est décliné en plusieurs tailles et versions pour répondre à différents besoins.

Modèle	Taille	Utilisation principale	Matériel recommandé
DeepSeek 7B	~4 Go VRAM	IA conversationnelle de base, rédaction	PC standard (8 Go RAM, CPU)
DeepSeek 13B	~8 Go VRAM	Assistant IA plus performant, écriture et analyse avancée	GPU recommandé (16 Go RAM)
DeepSeek Code 7B	~5 Go VRAM	Assistance au codage, complétion de code	GPU ou CPU puissant
DeepSeek 67B	~40+ Go VRAM	IA avancée, génération complexe	GPU haut de gamme (RTX 3090/4090)

💡 *Conseil :*

- Pour un usage **général (chat, rédaction, résumé de texte)**, choisissez **DeepSeek 7B ou 13B**.
- Pour un usage **développeur (génération de code, debugging)**, optez pour **DeepSeek Code 7B**.
- Pour des **applications avancées**, DeepSeek 67B offre des performances exceptionnelles mais nécessite un **GPU très puissant**.

Télécharger et installer DeepSeek sur LM Studio

Ouvrir LM Studio

Lancez **LM Studio** sur votre ordinateur et accédez à l'onglet "**Modèles**".

Rechercher et télécharger un modèle DeepSeek

Dans la barre de recherche, tapez "**DeepSeek**". Sélectionnez le modèle qui correspond à vos besoins (**7B, 13B, Code 7B, 67B**). Cliquez sur **Télécharger** et attendez que le fichier s'installe (cela peut prendre plusieurs minutes selon la taille du modèle).

Charger et exécuter le modèle

Une fois le téléchargement terminé, cliquez sur "**Charger le modèle**". Dans l'interface de **LM Studio**, ouvrez un terminal ou une zone de saisie. Tapez votre première requête et observez la réponse générée par DeepSeek ! 🚀

⚡ Optimiser l'exécution de DeepSeek pour de meilleures performances

✅ **Activer l'accélération GPU** (si disponible) : Dans les paramètres de LM Studio, assurez-vous que l'option **CUDA (Nvidia) ou Metal (Mac M1/M2/M3)** est activée.
✅ **Optimiser l'allocation de mémoire** : Augmentez la **quantisation** du modèle (4-bit pour économiser de la RAM).
✅ **Stockage rapide** : Utilisez un **SSD NVMe** pour charger les modèles plus rapidement.

⚙ Conclusion : Une IA performante et locale avec DeepSeek et LM Studio

DeepSeek, combiné à **LM Studio**, offre une alternative puissante et autonome aux solutions cloud comme **ChatGPT ou Bard**. En sélectionnant le modèle adapté à votre matériel et en optimisant son exécution, vous pouvez profiter **d'une IA locale rapide, sécurisée et personnalisable**. 🪶

CHAPITRE 4. Utilisation Efficace des Modèles IA Locaux

Une fois **LM Studio** et **DeepSeek** installés, il est essentiel d'apprendre à interagir efficacement avec l'IA pour en tirer le meilleur parti. Cette section vous guide à travers **les commandes de base, l'utilisation hors ligne et l'optimisation des performances**.

⌨ Commandes de base et interaction avec l'IA

LM Studio offre une interface simple pour interagir avec DeepSeek en local. Voici les bases pour bien utiliser votre IA.

Ouvrir l'interface de LM Studio

- Lancez **LM Studio** et assurez-vous qu'un modèle IA est **chargé**.
- Accédez à l'onglet **"Chat"** pour dialoguer directement avec l'IA.

Envoyer des requêtes à l'IA

Vous pouvez utiliser l'interface graphique ou exécuter des commandes en ligne de commande.

Exemple de conversation :
→ ☐ **Question utilisateur :**

"Explique-moi la théorie de la relativité en termes simples."

→ ☐ **Réponse IA (DeepSeek 7B) :**
"La théorie de la relativité d'Einstein explique que l'espace et le temps sont liés et que la vitesse influence leur perception. Plus un objet se déplace rapidement, plus le temps semble ralentir pour lui."

💡 *Astuce : Utilisez des requêtes précises et détaillées pour des réponses plus pertinentes.*

☐ Faire fonctionner l'IA sans connexion internet

L'un des grands avantages de **DeepSeek avec LM Studio** est qu'il fonctionne totalement **hors ligne**.

✅ Vérifiez que l'IA ne nécessite pas d'accès à Internet :

- Assurez-vous que **aucune requête** n'est envoyée à des serveurs externes.
- Activez le **mode hors ligne** dans les paramètres de LM Studio (si disponible).

✅ **Stockez les modèles localement** :

- Une fois téléchargé, le modèle est stocké sur votre disque dur.
- **Aucun téléchargement supplémentaire n'est requis** après l'installation.

✅ **Utilisation dans des environnements déconnectés** :

- Idéal pour les chercheurs, développeurs ou entreprises ayant des **contraintes de confidentialité strictes**.
- Fonctionne sans abonnement, sans API et sans cloud.

💡 *Astuce : Si vous souhaitez interagir avec des fichiers locaux (PDF, TXT, CSV), utilisez un script Python pour alimenter l'IA en données spécifiques.*

🚀 **Optimiser les réponses et la rapidité d'exécution**

L'exécution locale d'un modèle IA dépend fortement des **ressources matérielles disponibles**. Voici quelques techniques pour améliorer **la rapidité et la précision des réponses**.

Accélérer le traitement avec le GPU

- Si vous possédez une **carte graphique Nvidia**, activez **CUDA** dans les paramètres.
- Sur **Mac M1/M2/M3**, assurez-vous que **Metal** est bien activé.
- Sur **Linux avec AMD**, utilisez **ROCm** pour bénéficier de l'accélération matérielle.

Réduire la consommation de mémoire avec la quantisation

La **quantisation** permet d'optimiser la taille du modèle en réduisant son **poids** (exprimé en bits) :

- **16-bit (FP16)** → Meilleure précision mais forte consommation de RAM.
- **8-bit (Int8)** → Bon équilibre entre performance et qualité.
- **4-bit (Int4)** → Idéal pour les PC avec peu de mémoire vive.

💡 *Comment appliquer la quantisation ?* Dans LM Studio, sélectionnez l'option **"4-bit"** ou **"8-bit"** avant de charger un modèle pour économiser de la RAM et accélérer le traitement.

Améliorer la pertinence des réponses avec un prompt efficace

L'IA locale ne bénéficie pas d'une mémoire à long terme, donc la qualité du prompt est essentielle.

✓☐ Soyez spécifique dans vos questions :

✗ Mauvais : "Parle-moi des fusées."
✅ Bon : "Explique-moi comment fonctionne un moteur-fusée à ergols liquides."

✓☐ Donnez du contexte :

"Tu es un assistant scientifique spécialisé en astrophysique. Explique-moi la théorie des trous noirs en termes simples."

✓☐ Utilisez des formats structurés :

"Liste-moi en 5 points les avantages des modèles d'IA open-source par rapport aux solutions cloud."

Stocker les modèles sur un SSD rapide

Un **SSD NVMe** réduit drastiquement le temps de chargement des modèles.

💡 *Vérifiez que LM Studio est bien installé sur votre SSD principal.*

⚙️ Conclusion : Un assistant IA ultra-performant en local

Grâce à **DeepSeek et LM Studio**, vous pouvez utiliser une IA avancée **sans connexion internet**, avec des **temps de réponse rapides et une confidentialité totale**. En maîtrisant **les commandes, l'optimisation GPU et l'art du prompt**, vous profiterez d'une expérience IA fluide et efficace. 🚀

CHAPITRE 5. Personnaliser et Entraîner l'IA avec Vos Données

L'un des grands avantages d'une IA locale est la possibilité de **personnaliser son comportement** et de l'entraîner sur vos propres données. Cette section vous explique pourquoi et comment **adapter DeepSeek** à vos besoins, en formatant correctement vos fichiers et en lançant un **apprentissage local**.

★ Pourquoi utiliser ses propres données ?

✔ Personnalisation du comportement de l'IA

Les modèles comme **DeepSeek** sont pré-entraînés sur de vastes corpus de données, mais ils peuvent être **spécialisés** pour :

- Répondre à des **besoins professionnels spécifiques** (juridique, médical, finance...).
- Adapter leur style de rédaction à votre **marque ou secteur d'activité**.
- Améliorer leur **compréhension d'un jargon technique**.

✅ Amélioration de la précision et de la pertinence

Une IA entraînée sur des **données génériques** peut parfois donner des réponses imprécises. L'ajout de vos propres documents permet de **mieux contextualiser** les réponses.

Exemple :

- Un cabinet juridique peut **entraîner DeepSeek** sur sa propre base de données de contrats et jurisprudences.
- Un développeur peut affiner un modèle pour **mieux comprendre ses propres standards de code**.

✅ Confidentialité et autonomie

- **Aucune donnée ne quitte votre ordinateur** : idéale pour les entreprises ou chercheurs soucieux de la protection des données.
- **Pas besoin d'API ni de connexion internet** : vous avez **le contrôle total** sur l'IA.

📁 Préparer et formater ses fichiers pour l'IA

Choisir le bon format de données

L'IA doit **comprendre** vos fichiers pour les utiliser efficacement. Voici les formats couramment acceptés :

Type de fichier	Usage	Format recommandé
Texte brut	Idéal pour du texte général (articles, livres…)	.txt
Markdown	Documentation, structuration	.md
CSV/JSON	Bases de données structurées	.csv, .json
PDF	Documents formatés (rapports, études…)	.pdf (converti en .txt)

💡 *Astuce* : Si vos documents sont en PDF, convertissez-les en .txt avec une commande comme :

```bash
pdftotext fichier.pdf fichier.txt
```

Structurer les données pour un meilleur apprentissage

Pour que l'IA comprenne bien le contenu, il est important d'organiser les fichiers de manière **cohérente**.

Exemple de structuration d'un fichier texte :

csharp
[Titre] Guide d'utilisation de DeepSeek

[Section 1] Introduction
DeepSeek est un modèle IA conçu pour fonctionner localement...

[Section 2] Fonctionnalités principales
- Confidentialité totale
- Exécution rapide sans connexion internet

💡 *Astuce :* Ajoutez des **balises** [Section], [Titre] pour aider l'IA à identifier les parties importantes.

⬜ Premiers pas avec l'apprentissage local

Utiliser l'apprentissage par affinage (Fine-Tuning léger)

L'**affinage (fine-tuning)** permet d'adapter DeepSeek à un domaine spécifique en lui fournissant des **exemples supplémentaires**.

Méthode simple : RAG (Retrieval-Augmented Generation)

Si vous ne souhaitez pas entraîner un modèle complexe, une approche plus légère est le **RAG** (Génération Augmentée par Récupération) qui permet à l'IA de consulter des fichiers sans être directement réentraînée.

💡 *Comment charger ses fichiers avec LM Studio ?*
Ouvrir **LM Studio**
Ajouter vos fichiers dans le répertoire dédié
Paramétrer l'option **"Documents personnels"** pour que l'IA les utilise lors des requêtes

---

Entraîner un modèle localement avec LoRA (Low-Rank Adaptation)

Si vous souhaitez réellement **modifier les poids du modèle**, une technique légère est le **LoRA**

(Low-Rank Adaptation) qui permet d'entraîner un modèle avec peu de ressources.

Exemple d'entraînement avec LoRA sur un modèle DeepSeek

Installer les bibliothèques nécessaires :

```bash
pip install transformers datasets peft torch
```

2️⃣ Charger DeepSeek et préparer les données :

```python
from transformers import AutoModelForCausalLM, AutoTokenizer

model_name = "deepseek-ai/deepseek-7b"
model = AutoModelForCausalLM.from_pretrained(model_name)
tokenizer = AutoTokenizer.from_pretrained(model_name)

data = [
    {"instruction": "Décris-moi le fonctionnement d'une blockchain.", "response": "Une blockchain est un registre décentralisé sécurisé..."},
    {"instruction": "Quelles sont les applications de l'IA en entreprise ?", "response": "L'IA est utilisée en automatisation, analyse de données, etc."}
]
```

3□ Entraîner avec LoRA :

```python
from peft import get_peft_model, LoraConfig

config = LoraConfig(r=8, lora_alpha=16,
target_modules=["q_proj", "v_proj"],
lora_dropout=0.05)
model = get_peft_model(model, config)
model.train()
```

4□ Sauvegarder et utiliser votre modèle affiné.

💡 *LoRA est idéal pour un fine-tuning rapide sans nécessiter des centaines de Go de VRAM.*

🎯 Conclusion : Une IA personnalisée et optimisée pour vos besoins

Grâce à **DeepSeek et LM Studio**, vous pouvez adapter votre IA à vos **besoins professionnels ou personnels** en utilisant vos propres données. **Le fine-tuning léger (LoRA) et la génération augmentée (RAG)** permettent de spécialiser l'IA sans nécessiter de gros calculs.

🎖 **Entraînez votre IA locale et profitez d'une intelligence artificielle sur-mesure, rapide et privée !**

CHAPITRE 6. Optimisation et Résolution des Problèmes

L'utilisation d'une IA locale, comme **DeepSeek via LM Studio**, peut nécessiter quelques ajustements pour **maximiser les performances** et résoudre d'éventuels problèmes. Cette section vous guide sur l'**optimisation des paramètres**, l'usage d'**outils externes** et les **solutions aux problèmes courants**.

⚙ Ajuster les paramètres pour améliorer la précision

Les performances et la qualité des réponses d'une IA locale dépendent de plusieurs **paramètres clés**.

Régler la température et le top-p pour des réponses plus pertinentes

- **Température (temperature)** : contrôle la **créativité** des réponses.
    - ◈ **0.1 - 0.3** → Réponses précises et factuelles
    - ◈ **0.5 - 0.7** → Bon équilibre entre créativité et précision
    - ◈ **0.8 - 1.2** → Réponses plus variées et imprévisibles

- o **Exemple :**
    - Température **basse** : "Quelle est la capitale de la France ?" → "Paris."
    - Température **élevée** : "Quelle est la capitale de la France ?" → "Paris, une ville historique située en Europe."
- **Top-P (nucleus sampling)** : contrôle la diversité des mots utilisés.
    - o ◆ **0.9 - 1.0** → Réponses plus diversifiées
    - o ◆ **0.3 - 0.5** → Réponses plus précises mais moins variées

💡 *Réglage recommandé :* **Température 0.5 et Top-P 0.9** pour un bon équilibre.

Modifier la longueur maximale des réponses

- **Max tokens** : Définit la limite du nombre de mots générés.
    - o ◆ **100-200** → Réponses courtes et directes
    - o ◆ **300-500** → Réponses détaillées
    - o ◆ **1000+** → Explications longues (attention à la mémoire utilisée)

💡 *Si l'IA coupe ses réponses trop tôt, augmentez cette valeur.*

Activer l'accélération GPU pour de meilleures performances

Si vous avez une **carte graphique Nvidia, AMD ou Apple M1/M2/M3**, vous pouvez accélérer le traitement de l'IA.

◆ Sur Windows/Linux (Nvidia) : Activer CUDA

Vérifiez que CUDA est installé avec la commande :

```bash
nvcc --version
```

Activez **l'accélération GPU** dans LM Studio.

◆ Sur Mac (Apple Silicon) : Activer Metal

Assurez-vous d'avoir la dernière version de macOS.
LM Studio détecte automatiquement **Metal** et optimise l'utilisation du GPU.

💡 *L'accélération GPU peut **multiplier par 5 la vitesse d'exécution** de l'IA !*

🚀 Utiliser des outils externes pour booster les performances

En plus des réglages de LM Studio, certains outils peuvent améliorer les performances.

GPTQ et AWQ : Réduire la consommation mémoire

Les modèles IA consomment beaucoup de RAM. Pour les alléger sans perdre trop de précision, on peut utiliser :

- **GPTQ (4-bit quantization)** → Réduit la taille du modèle tout en conservant une bonne qualité.
- **AWQ (Activation-aware quantization)** → Permet un bon compromis entre performance et précision.

💡 *Si votre PC a peu de RAM (< 16 Go), utilisez un modèle quantifié en **4-bit (GPTQ)**.*

Utiliser un SSD NVMe pour accélérer le chargement des modèles

- Un **SSD NVMe** est **6 à 10 fois plus rapide qu'un disque dur classique** pour charger des modèles IA.
- Vérifiez que **LM Studio** et les modèles IA sont bien installés sur votre SSD.

Charger uniquement les couches nécessaires (GGUF & LoRA)

- **GGUF (GPTQ General Unified Format)** : Format optimisé pour un chargement plus rapide.
- **LoRA (Low-Rank Adaptation)** : Permet d'affiner le modèle sans recharger toutes les couches.

💡 *Ces techniques peuvent **diviser par 2 la consommation de mémoire vive**.*

⬜ Solutions aux problèmes courants

L'IA est trop lente ou met du temps à répondre

✅ Solution 1 : Vérifier l'accélération GPU

- Sur **Windows/Linux** → Vérifiez que **CUDA** est activé.
- Sur **Mac M1/M2/M3** → Vérifiez l'utilisation de **Metal**.

✅ Solution 2 : Réduire la taille du modèle

- Utilisez une version **7B** au lieu de **13B ou 67B**.

- Passez en **quantification 4-bit** pour économiser de la RAM.

✅ **Solution 3 : Diminuer la longueur des réponses**

- Réglez **Max Tokens** sur **300-500** pour éviter des traitements trop longs.

L'IA consomme trop de CPU ou de RAM

✅ **Solution 1 : Fermer les applications inutiles**

- LM Studio et DeepSeek peuvent consommer **plusieurs Go de RAM**. Fermez les applications gourmandes en arrière-plan.

✅ **Solution 2 : Augmenter la mémoire virtuelle (Windows)**
Accédez aux **Paramètres système avancés**.
Dans l'onglet **Performances**, cliquez sur **Mémoire virtuelle**.
Augmentez la taille du fichier d'échange (8 Go minimum recommandé).

✅ **Solution 3 : Utiliser un modèle quantifié en 4-bit**

- Un modèle **7B en 4-bit** utilise seulement **3-4 Go de RAM**, contre 12 Go en version standard.

L'IA donne des réponses incohérentes ou hors sujet

✅ **Solution 1 : Vérifier les paramètres de température et de Top-P**

- **Si l'IA invente trop** → Diminuez la température à **0.3 - 0.5**.
- **Si l'IA est trop rigide** → Augmentez légèrement la température à **0.7**.

✅ **Solution 2 : Reformuler les questions (Prompt Engineering)**

- Ajoutez des **informations contextuelles**.
- Utilisez des **exemples** pour guider l'IA.

Exemple :

❌ *"Explique-moi l'IA."*
✅ *"Tu es un professeur de sciences. Explique-moi l'intelligence artificielle comme si j'étais un étudiant de 16 ans."*

LM Studio ne reconnaît pas le modèle téléchargé

☑️ **Solution : Vérifier l'installation des fichiers modèles**

Allez dans **LM Studio > Paramètres > Dossier des modèles**.
Vérifiez que les fichiers .gguf sont bien présents.
Essayez de **réinstaller** le modèle si nécessaire.

🎯 **Conclusion : Une IA rapide, efficace et bien optimisée**

En ajustant **les paramètres**, en **utilisant l'accélération GPU** et en appliquant quelques **optimisations système**, vous pouvez considérablement améliorer la **vitesse et la précision** de votre IA locale.

💡 **Résumé des optimisations essentielles :**

✅ **Réglez la température et le Top-P** pour des réponses plus précises.

✅ **Activez CUDA ou Metal** pour accélérer l'IA avec votre GPU.

✅ **Utilisez la quantification (4-bit GPTQ)** pour économiser de la RAM.

✅ **Installez LM Studio et les modèles sur un SSD NVMe** pour un chargement rapide.

✅ **Réduisez la longueur des réponses** pour accélérer le traitement.

🚀 **Avec ces astuces, votre IA locale sera aussi performante qu'un service cloud, sans abonnement ni dépendance internet !**

CHAPITRE 7. Applications Pratiques de l'IA Locale

L'exécution d'une IA en local avec **LM Studio et DeepSeek** ouvre la porte à de nombreuses **applications concrètes**. Que ce soit pour créer un **assistant personnel**, générer du **contenu automatique** ou améliorer votre **productivité**, une IA locale permet d'optimiser vos tâches tout en garantissant la **confidentialité** de vos données.

☐ Créer un Assistant Personnel Intelligent

Un assistant IA local peut vous aider à **gérer votre quotidien**, répondre à des questions précises ou automatiser certaines actions.

Paramétrer un assistant conversationnel

💡 Exemple d'utilisation :

- Répondre à vos e-mails et messages
- Organiser votre emploi du temps
- Vous rappeler des tâches importantes

📌 **Configuration dans LM Studio**
Choisissez un modèle IA adapté (DeepSeek, Mistral, Llama 2...)
Activez le **mode conversationnel**
Personnalisez les **réponses avec des instructions précises**

💬 **Exemple de prompt personnalisé :**

txt
Tu es mon assistant personnel. Tu m'aides à gérer mes tâches et à organiser ma journée.
Si je te pose une question sur un rendez-vous, rappelle-moi l'horaire et les détails.
Si je demande une recommandation, sois précis et utile.

✅ Avec ces réglages, votre IA devient un véritable **assistant personnel sur mesure**, **sans connexion internet** et **sans fuite de données personnelles**.

✍️ **Utiliser l'IA pour Générer du Contenu et Automatiser des Tâches**

L'IA locale est un outil puissant pour **automatiser la rédaction**, la traduction et bien d'autres tâches.

Rédaction assistée et génération de texte

♀ Cas d'usage :

- Rédaction d'articles, blogs ou rapports
- Génération d'e-mails et de résumés
- Réécriture et correction automatique

Exemple de prompt pour générer un article de blog :

txt
Écris un article structuré sur "Les avantages de l'IA locale". Utilise un ton professionnel et accessible.
Inclut une introduction, trois arguments clés et une conclusion.

✅ **Astuce** : Pour une meilleure cohérence, fournissez un **exemple de style** que l'IA devra suivre.

Traduction et reformulation de contenu

L'IA locale peut **traduire** ou **réécrire** un texte en quelques secondes.

Exemple de reformulation :

txt

Réécris ce texte de manière plus fluide et naturelle :

"Les modèles d'IA en local sont très utiles, car ils permettent de garantir la confidentialité des données."

Exemple de traduction :

txt
Traduis ce texte en anglais :
"Les modèles d'IA locaux offrent plus de sécurité et de contrôle sur les données."

✅ **Avantage** : Contrairement aux outils en ligne, vos traductions restent **100% privées**.

Automatiser des tâches répétitives avec l'IA

💡 **Exemples d'automatisation :**

- Génération automatique de **rapports** et **résumés**
- Extraction d'informations à partir de documents **PDF ou CSV**
- Programmation assistée pour **générer du code**

📌 **Utilisation avec un script Python et DeepSeek**

Vous pouvez automatiser ces tâches avec un simple script en local :

```python
from transformers import pipeline

model_path = "deepseek-ai/deepseek-7b"
generator      =      pipeline("text-generation", model=model_path)

prompt = "Rédige un résumé de ce document : [texte ici]"
response = generator(prompt, max_length=200)

print(response[0]['generated_text'])
```

✅ **Résultat** : L'IA génère automatiquement un résumé **sans connexion internet**.

🚀 Améliorer sa Productivité avec une IA Locale

Prendre des notes et organiser ses idées

Une IA locale peut structurer vos idées et vous aider à prendre des notes rapidement.

💡 Cas d'usage :

- Transformer des **notes brutes** en résumés organisés

- Générer des **listes de tâches** automatiquement
- Structurer des **plans de projet**

Exemple de prompt pour organiser des notes :

txt
Prends ces notes et organise-les sous forme de plan structuré :
- Réunion lundi 14h
- Budget à finaliser
- Objectif : améliorer la communication interne

✅ **L'IA reformate automatiquement vos notes en plan détaillé.**

Améliorer la gestion de projet

L'IA locale peut être utilisée pour suivre l'avancement d'un projet et proposer des recommandations.

💡 **Exemples :**

- Générer un **compte-rendu de réunion**
- Proposer un **planning optimisé**
- Identifier des **points bloquants et solutions**

Exemple de prompt :

txt
Analyse cette liste de tâches et propose un plan
d'action priorisé :
1. Mettre à jour le site web
2. Rédiger la newsletter
3. Contacter les partenaires

✅ **L'IA propose une gestion plus efficace des priorités.**

Assistance au développement et génération de code

Les modèles comme **DeepSeek** sont optimisés
pour aider les développeurs en local.

💡 Cas d'usage :

- Génération de **fonctions et algorithmes**
- Débogage automatique
- Explication de code complexe

✒ Exemple : Générer une fonction Python avec l'IA locale

```python
python
prompt = "Écris une fonction Python pour calculer
la moyenne d'une liste de nombres."
response = generator(prompt, max_length=100)

print(response[0]['generated_text'])
```

✅ **L'IA génère instantanément un code fonctionnel.**

🎯 **Conclusion : Un Outil Polyvalent et 100% Privé**

L'IA locale n'est pas seulement un outil **d'expérimentation**, mais un **véritable assistant intelligent** qui peut **simplifier votre quotidien** et **automatiser des tâches** sans compromettre votre confidentialité.

◆ **Récapitulatif des meilleures applications de l'IA locale :**
✅ **Assistant personnel** → Gestion des tâches et rappels
✅ **Génération de contenu** → Articles, e-mails, résumés
✅ **Automatisation** → Rapports, traduction, extraction de données
✅ **Productivité** → Prise de notes, structuration d'idées
✅ **Développement** → Génération de code et assistance au débogage

🚀 **Avec DeepSeek et LM Studio, vous pouvez transformer votre ordinateur en véritable centre d'IA autonome et ultra-performant.**

CHAPITRE 8. L'Avenir de l'IA Locale et Prochaines Étapes

L'intelligence artificielle locale est en pleine expansion, offrant des solutions **plus privées, performantes et accessibles** sans dépendance aux serveurs cloud. Cette section explore **les tendances de l'IA décentralisée**, comment **suivre les dernières avancées**, et les meilleures **ressources pour se perfectionner**.

☐ Les Tendances de l'IA Décentralisée

L'IA locale évolue rapidement, portée par des avancées technologiques et une volonté croissante d'indépendance numérique.

La montée en puissance des modèles open-source

- **Modèles IA de plus en plus performants** → DeepSeek, Mistral, LLaMA 3, Falcon
- **Optimisation matérielle** → Compatibilité accrue avec **CPU, GPU et accélérateurs spécialisés**
- **Taille réduite avec des performances équivalentes** grâce à la **quantification avancée (GGUF, GPTQ, AWQ)**

💡 *Exemple : DeepSeek 7B rivalise déjà avec des modèles 10 fois plus lourds en termes de précision.*

Vers une IA totalement autonome et hors ligne

- Les modèles IA deviendront **plus légers et plus rapides** grâce à l'optimisation des algorithmes.
- **L'exécution sur des appareils mobiles** (smartphones, Raspberry Pi, etc.) deviendra plus courante.
- Des outils comme **LM Studio** vont simplifier l'accès aux modèles IA **sans expertise technique**.

🚀 *Bientôt, un assistant IA puissant pourra fonctionner **directement sur votre téléphone** sans connexion internet !*

Une intégration plus forte avec les outils du quotidien

- **Compatibilité avec les logiciels professionnels** (Microsoft Office, Notion, VS Code...)
- **Automatisation poussée des workflows** grâce à des intégrations no-code

- **Assistants IA personnalisés** avec mémoire et adaptation aux habitudes de l'utilisateur

💡 *L'IA locale ne se limitera plus aux passionnés de tech : elle deviendra un* **outil standard de productivité**.

📡 **Comment Rester à Jour avec les Dernières Avancées IA**

L'IA évolue constamment. Pour **suivre les nouveautés** et **optimiser votre installation**, voici les meilleures stratégies :

Suivre les communautés et forums spécialisés

- ◆ **Hugging Face** → Plateforme incontournable pour tester et télécharger des modèles IA

- ◆ **Reddit (r/LocalLLaMA, r/ArtificialIntelligence)** → Discussions sur les modèles open-source

- ◆ **Discord de LM Studio, DeepSeek et Ollama** → Support et échanges avec la communauté

💡 *S'abonner aux newsletters IA vous permet de recevoir **des mises à jour régulières** sur les nouveaux modèles.*

Expérimenter les derniers modèles et outils

- **Tester régulièrement de nouveaux modèles** via LM Studio ou Ollama
- **Comparer la qualité des modèles (DeepSeek, Mistral, etc.)** pour trouver le plus adapté à vos besoins
- **Expérimenter avec des extensions et plugins** pour booster les performances (ex. quantification avancée, intégration Python)

🖌 *Le meilleur moyen d'apprendre l'IA locale est de **pratiquer et tester de nouveaux réglages** !*

Participer à des formations et cours en ligne

📚 **Meilleures ressources pour apprendre l'IA locale :**

- **Coursera & Udemy** → Cours sur l'intelligence artificielle et les modèles open-source
- **Fast.ai** → Formation avancée en deep learning

- **Documentation officielle de LM Studio, DeepSeek et Hugging Face**

💡 *Se former régulièrement permet de **tirer le maximum des nouvelles technologies IA**.*

🎯 Prochaines Étapes pour Aller Plus Loin

Vous avez installé **LM Studio**, testé **DeepSeek**, et exploré **les usages pratiques** ? Voici les **prochaines étapes** pour aller encore plus loin avec l'IA locale !

✅ Tester des modèles plus avancés

- **Mistral 7B / LLaMA 3 / Falcon** pour comparer les performances
- **Modèles spécialisés** (DeepSeek Code pour la programmation, Whisper pour la transcription audio)

✅ Expérimenter l'apprentissage local (Fine-tuning & LoRA)

- **Personnaliser l'IA avec vos propres données**

- **Affiner un modèle** pour le spécialiser dans un domaine précis (écriture, support technique, etc.)
- **Utiliser LoRA & GPTQ** pour **entraîner un modèle sans trop consommer de ressources**

💡 *Exemple d'application : entraîner un modèle sur **vos propres documents** pour créer un assistant expert en votre domaine.*

✅ **Automatiser et intégrer l'IA à votre flux de travail**

- **Utiliser des scripts Python pour automatiser des tâches IA**
- **Intégrer l'IA locale à Notion, Obsidian, ou VS Code**
- **Créer un chatbot personnalisé avec un serveur local**

🚀 *L'IA locale n'est pas juste un outil : c'est un **véritable levier d'automatisation.***

📌 Une IA Plus Libre, Plus Performante et Plus Accessible

L'avenir de l'IA locale est **prometteur**. Grâce aux avancées en **modèles open-source, optimisation matérielle et intégration logicielle**, l'IA **sans internet** deviendra un **standard** pour les entreprises et les particuliers.

💡 Récapitulatif des clés pour progresser :

✅ **Suivre les tendances de l'IA décentralisée** (modèles plus performants et légers)
✅ **Expérimenter avec les nouvelles versions des modèles IA** (DeepSeek, Mistral, Llama 3...)
✅ **Rejoindre les communautés IA open-source** (Hugging Face, Reddit, Discord)
✅ **Tester le fine-tuning et l'apprentissage local** pour des IA personnalisées
✅ **Automatiser des tâches avec Python et intégrer l'IA à votre flux de travail**

🚀 En maîtrisant ces outils et en restant informé, vous serez prêt à exploiter tout le potentiel de l'IA locale pour le futur !

Conclusion : Prenez le Contrôle de Votre IA Locale

L'intelligence artificielle locale n'est plus une technologie réservée aux experts : elle devient **accessible, performante et privée**. Grâce à des outils comme **LM Studio et DeepSeek**, vous pouvez désormais exploiter **toute la puissance de l'IA sans connexion internet**, en gardant **le contrôle total de vos données**.

🎯 **Ce que vous avez appris dans ce guide**

✅ **Pourquoi choisir une IA locale ?** → Confidentialité, rapidité, coût réduit

✅ **Comment installer et configurer LM Studio et DeepSeek** sur Windows, macOS et Linux

✅ **Télécharger et exécuter des modèles IA** adaptés à vos besoins

✅ **Utiliser efficacement une IA hors ligne** pour générer du contenu, automatiser des tâches et coder

✅ **Personnaliser l'IA avec vos propres données** et explorer le fine-tuning

✅ **Optimiser les performances et résoudre les problèmes** courants

✅ **Découvrir les applications pratiques et les perspectives d'avenir de l'IA locale**

💡 **L'IA Locale : Une Technologie d'Avenir**

L'essor des **modèles open-source** et des outils dédiés va continuer à **démocratiser l'IA locale**.

Bientôt, ces solutions seront intégrées **directement à nos appareils**, rendant l'IA **plus accessible et plus autonome** que jamais.

💡 *Que vous soyez un professionnel, un développeur ou un passionné, maîtriser l'IA locale aujourd'hui vous donne un avantage stratégique pour l'avenir.*

📌 **Vos Prochaines Étapes**

✓ **Tester différents modèles IA** pour trouver celui qui correspond à vos besoins

✓ **Expérimenter la personnalisation** avec vos propres données

✓ **Optimiser l'utilisation de l'IA** en intégrant des scripts et des automatisations

✓ **Rejoindre les communautés IA** pour rester à jour sur les dernières avancées

---

🎯 **Conclusion Finale : Reprenez le Pouvoir sur l'IA**

💡 **Ne dépendez plus des plateformes cloud et des abonnements payants.** Grâce à l'IA locale, vous avez une solution **performante, privée et autonome** à portée de main.

🚀 **Il est temps d'exploiter l'IA locale pour gagner en productivité, en autonomie et en efficacité. Lancez-vous dès aujourd'hui !**

Table des matières